Ali Mitgutsch

Vom Kern zur Birne

Aus der kleinen Ali Mitgutsch-Bücherei

SELLIER VERLAG GMBH

Da ist eine Birne.

Die Birne ist zerschnitten.

In der Birne sind Kerne.

In der Birne sind Kerne

Der Gärtner hat eine Schaufel.

Er schaufelt ein Loch in die Erde.

Er legt einen Kern in das Loch.

Er schaufelt das Loch wieder zu.

Der Gärtner pflanzt einen Kern ein

Aus dem Kern ist ein Bäumchen gewachsen.

Der Gärtner begießt es.

Er bindet das Bäumchen an einem Pfahl fest.

Das Bäumchen soll gerade wachsen.

Ein Bäumchen ist gewachsen

Einige Jahre sind vergangen.

Das Bäumchen ist groß geworden.

Im Frühling blüht der Birnbaum.

Bienen besuchen seine Blüten.

Im Frühling blüht der Birnbaum

Aus der Blüte wird eine Birne.

Erst ist die Birne klein und grün und hart.

Sie wächst und wird groß und gelb und weich.

Die Birne ist reif.

Aus der Blüte wird eine Birne

Der Gärtner pflückt die Birnen.

Er legt sie in einen Korb.

Dann trägt der Gärtner

den Korb auf den Markt.

Der Gärtner pflückt die Birne

Auf dem Markt gibt es Obst und Gemüse.

Die Frau verkauft Kartoffeln und Tomaten,

Bananen, Apfelsinen und Pflaumen.

Sie verkauft auch Birnen.

Es sind Birnen von unserem Birnbaum.

Auf dem Markt gibt es Obst

Reife Birnen schmecken süß.

Das weiß der kleine Junge.

Er will eine Birne essen.

Stiel und Kerne bleiben übrig.

Dann kann diese Geschichte

von vorn anfangen.